GW00360454

1 Busca los números 1–15 y escríbelos en el orden correcto. *Look for the numbers 1–15 and write them in the correct order.*

n	c	a					
u	i	p	q	x	z	u	l
e	n	u	u	s	e	a	k
v	c	u	i	d	i	t	s
e	o	e	n	d	d	r	e
l	t	t	c	o	o	o	i
e	t	r	e	s	c	w	s
w	m	e	j	h	e	u	g
k	n	c	o	n	c	e	b
g	x	e	y	f	f	u	t

1 = _____   2 = _____

3 = _____   4 = _____

5 = _____   6 = _____

7 = _____   8 = _____

9 = _____   10 = _____

11 = _____   12 = _____

13 = _____   14 = _____

15 = _____

2 Escribe una frase para cada dibujo. *Write a sentence for each picture.*

1  *Tengo cinco años.* _____

2 _____

3  _____

4 _____

5 _____

3 ¿Y tú? ¿Cuántos años tienes? *And you? How old are you?*

_____

¡Mira! Express © Harcourt Education Limited 2006

1 Escribe las frases correctamente. *Write the sentences out correctly.*

1 <u>Mi cumpleaños es el catorce de mayo.</u>

2 _____

3 _____

4 _____

5 _____

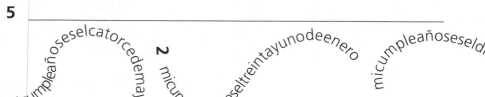

1 micumpleañoseselcatorcedemayo

2 micumpleañoseseltreintayunodeenero

3 micumpleañoseseldieciséisdejulio

4 micumpleañoseselveintiunodeagosto

5 ¿cuándoestucumpleaños?

2 Escribe los cumpleaños.
Write the birthdays.

15 = quince, 21 = veintiuno, 30 = treinta

1 Alicia

febrero						
①	2	3	4	5	6	7
8	9	10	11	12	13	14
15	16	17	18	19	20	21
22	23	24	25	26	27	28

2 Mateo

junio						
1	2	3	4	5	6	7
8	9	⑩	11	12	13	14
15	16	17	18	19	20	21
22	23	24	25	26	27	28
29	30					

3 Roberto

abril						
1	2	3	4	5	6	7
8	9	10	11	12	13	14
⑮	16	17	18	19	20	21
22	23	24	25	26	27	28
29	30					

4 Pilar

noviembre						
1	2	3	4	5	6	7
8	9	10	11	12	13	14
15	16	17	18	19	20	㉑
22	23	24	25	26	27	28
29	30					

5 María José

septiembre						
1	2	3	4	5	6	7
8	9	10	11	12	13	14
15	16	17	18	19	20	21
22	23	24	25	26	27	28
29	㉚					

Alicia: <u>Mi cumpleaños es el uno de febrero.</u>

Mateo: _____

Roberto: _____

Pilar: _____

María José: _____

3 ¿Y tú? ¿Cuándo es tu cumpleaños? *And you? When is your birthday?*

_____

4 Hablamos español pages 12–13

1 ¡Rompecabezas!
Mira el mapa y lee las frases.
Look at the map and read the sentences.

> There are some new words in the sentences, but try to get the gist (the general meaning) first of all. Then use clues in the text and the map to work out the detail.

Las Islas Galápagos

Lima

1 Vivo en Lima, la capital de Perú.

2 La economía de la República Dominicana se basa en el turismo.

3 En Argentina se baila el tango.

4 En Panamá hay un canal muy famoso.

5 El producto más importante de Nicaragua es el café.

6 Muchas tortugas centenarias viven aquí en las Islas Galápagos.

7 La industria más importante en Venezuela es la industria petrolera.

2
Make a list of at least five cognates (words which look or sound like English words) that you can find in the sentences, not counting the names of the countries.

Spanish word: 1 _____   2 _____
3 _____   4 _____   5 _____

English meaning: 1 _____   2 _____
3 _____   4 _____   5 _____

3 Contesta a las preguntas en inglés. *Answer the questions in English.*

1 What is the name of the dance from Argentina? _____

2 In which country is there a famous canal? _____

3 Which country's economy is based on tourism? _____

4 Where is coffee the most important product? _____

5 Which country's most important industry is the oil industry? _____

6 On which islands do lots of old turtles live? _____

7 What is Lima? _____

5 En mi mochila pages 14–15

1 Descifra y escribe las palabras. *Work out the anagrams and write out the words.*

> ~~afobloígr~~   obril   zláip   moga   eethscu
> csapunsaat   laihmco   lióvm   naadeg   grlae

1 _____bolígrafo_____   2 _____

3 _____   4 _____

5 _____   6 _____

7 _____   8 _____

9 _____   10 _____

2 Mira las palabras del ejercicio 1. ¿Son masculinas (un) o femeninas (una)? Escribe 'un' o 'una'. *Look at the words in exercise 1. Are they masculine (un) or feminine (una)? Write 'un' or 'una'.*

Ejemplo: un bolígrafo

Gramática

Masculine words (**un**) normally end in **-o** and feminine words (**una**) normally end in **-a**. There are four masculine words in exercise 1 which do not end in **-o**. What are they?

3 Mira los dibujos. Escribe una frase. *Look at the pictures and write a sentence.*

1  _____Tengo un bolígrafo._____

2  _____

3  _____

4  _____

1 **Busca las dos partes de la palabra apropiada y escríbela. Escribe el, la, los, las.**
Look for both parts of the word and write it under the correct picture.

proy	pue	vent	orde
sil	ladores	las	pro
fesora	rta	piz	ana
	arra	ros	equi
	po	rotu	lib
	nador	~~ector~~	

1 <u>el proyector</u>   **2** _____   **3** _____   **4** _____   **5** _____

6 _____   **7** _____   **8** _____   **9** _____   **10** _____

de música

2 **¿Verdadero ✓ o falso ✗?** *True ✓ or false ✗?*

1 Hay un profesor. ✓

2 Hay dos sillas. ☐

3 Hay un proyector. ☐

4 Hay tres reglas. ☐

5 Hay un ordenador. ☐

6 Hay unos cuadernos. ☐

7 No hay una ventana. ☐

8 Hay dos rotuladores. ☐

9 Hay dos mesas. ☐

10 Hay un móvil. ☐

Gramática

Hay = There is/are

No hay = There isn't/aren't

¡Mira! Express © Harcourt Education Limited 2006

1 Completa el crucigrama. *Complete the crossword.*

| gomas | rotuladores | ~~alumno~~ | estuche | mesa |
| cuaderno | sacapuntas | profesora | ordenador | libros |

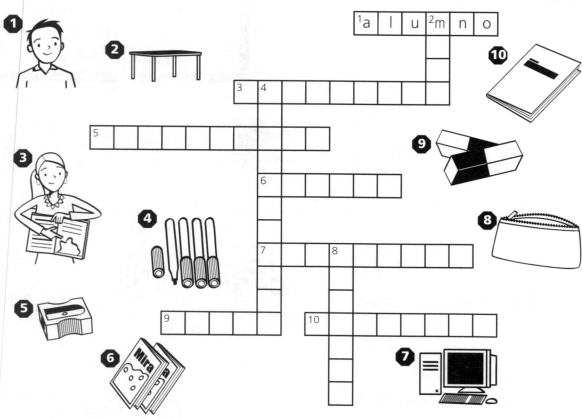

¹a l u ²m n o

2 Escribe una frase para cada persona. *Write a sentence for each person.*

1  Tengo un año. _____

2 _____

3 _____

4 _____

5 _____

6 _____

7 _____

8 _____

1 Completa la conversación. *Complete the conversation.*

> ¡Buenos días! Me llamo Avril. ¿Cómo te llamas?
>
> ¡Hola! _____ Pedro Patines.

> ¿Qué tal, Pedro Patines?
>
> ¡Fenomenal! ¿Y tú?
>
> _____

> 13
>
> ¿12, 13, 14?
>
> ¿_____
>
> _____ ?
>
> Tengo trece años.

> ¿Cuándo es tu cumpleaños?
>
> _____
>
> _____

> ¡_____ luego!
>
> ¡Adiós!

2 Cambia los detalles e inventa una conversación.
Change the details and invent your own conversation.

_____

_____

_____

_____

_____

¡Mira! Express © Harcourt Education Limited 2006

I can

- *say hello and goodbye*

  ¡_____! / _____

- *ask someone what they are called*

  ¿Cómo te _____?

- *say what I am called*

  Me llamo _____

- *ask someone where they live*

  ¿Dónde _____?

- *say where I live*

  Vivo en _____

- *ask someone how they are*

  ¿Qué _____? ¿Cómo _____?

- *say how I am*

  Fenomenal, _____

- *count up to 15*

  uno, dos, _____

  _____

  _____ quince

- *ask someone their age*

  ¿Cuántos años _____?

- *say my age*

  Tengo _____

- *count up to 31*

  dieciséis, diecisiete, _____

  _____

  _____

  _____ treinta y uno

- *say what the date is*

  Es el _____ de _____

- *ask someone when their birthday is*

  ¿Cuándo es tu _____?

- *say when my birthday is*

  Mi cumpleaños es el _____

- *wish someone a happy birthday*

  ¡Feliz _____!

- *name some Spanish-speaking countries*

  España, México, _____

- *say the Spanish alphabet*

  a,b,c,ch _____

- *ask how to spell words*

  ¿Cómo se _____?

- *say what I have for school and what I need*

  Tengo _____

  Necesito _____

- *say what is in the classroom*

  Hay una pizarra, _____

¡Progreso!

1 Record your level in **Listening** and **Speaking**.

2 Look at what you need to do to reach the next level (see page 62).

3 Now fill in your own targets.

Escuchar

I have now reached Level _____ in **Listening**.

In Module 2 I want to reach Level _____

 I need to _____

_____

 I need to _____

_____

Hablar

¡Hola!

I have now reached Level _____ in **Speaking**.

In Module 2 I want to reach Level _____

 I need to _____

_____

 I need to _____

_____

¡Mira! Express © Harcourt Education Limited 2006

1   Record your level in **Reading** and **Writing**.

2   Look at what you need to do to reach the next level (see page 63).

3   Now fill in your own targets.

Leer

I have now reached Level _____ in **Reading**.

In Module 2 I want to reach Level _____

 I need to _____

 I need to _____

Escribir

I have now reached Level _____ in **Writing**.

In Module 2 I want to reach Level _____

 I need to _____

 I need to _____

1 ¿Qué estudias? pages 26–27

1 Descifra y escribe las palabras.
Work out the anagrams and write out the words.

1 ~~aátmetsacim~~ _matemáticas_____

2 úimacs _____

3 érnafsc _____

4 losepña _____

5 scceinai _____

6 otaert _____

7 áatcifromni _____

8 fggíoaear _____

9 dccueóian íacsfi _____

10 joidbu _____

11 nlóiregi _____

12 osthraii _____

2 Completa el crucigrama. *Complete the crossword.*

¡Mira! Express © Harcourt Education Limited 2006

1 **Empareja las dos partes de la frase.** *Match up the two parts of the sentences.*

Como   por teléfono

Escucho   mi libro

No leo   chicle

Hablo   música

Escribo   en el libro

> Careful! There is a difference between **mi libro** and **en el libro**.

2 **Rellena la tabla con las palabras del cuadro.**
Fill in the table using the words in the box.

> escribe   como   lees   escribo   habla
> comes   escuchas   lee   escucho

infinitive	I	you	he/she/it
hablar (to speak)	hablo	hablas	
escuchar (to listen)			escucha
comer (to eat)			come
leer (to read)	leo		
escribir (to write)		escribes	

3 **Lee y escribe las frases correctas.** *Read and write the correct sentences.*

María Mentirosa never tells the truth. What should she really say about what she does in class?

 Escribo en mi libro.

 Escucho a la profesora.

1 <u>No escribo en mi libro.</u>

2 _____

 No como en clase.

 Leo mi libro.

3 _____

4 _____

1 **Añade los acentos que faltan.** *Add the missing accents. The number at the end tells you how many there should be.*

   1 El profesor de musica es simpatico. (2)

   2 La profesora de educacion fisica es antipatica. (3)

   3 El profesor de geografia es divertido. (1)

   4 La profesora de historia es simpatica. (1)

2 **¡Rompecabezas!** **Completa el cuadro.** *Complete the grid.*

masculino	femenino	inglés
divertido		funny
	simpática	nice
	aburrida	boring
severo		strict
		horrible

Gramática

Masculine adjectives normally end in **-o** and **feminine** adjectives normally end in **-a**.

3 **Mira los dibujos y lee las frases. ¿Puedes escribirlas de una manera más interesante?** *Look at the pictures and read the sentences. Can you write them in a more interesting way?*

Use the qualifiers and connectives in the boxes to help you.

Qualifiers
muy   bastante   un poco

Connectives
y   pero

   1 El profesor de inglés es divertido. Es simpático. No es severo.

      El profesor de inglés es muy divertido y bastante simpático, pero no es severo.

   2 La profesora de español es simpática. Es interesante. No es aburrida.

   3 La profesora de música es aburrida. Es antipática. No es divertida.

   4 El profesor de ciencias es severo. Es interesante. No es antipático.

4 Me gusta el español pages 32–33

1 ¡Rompecabezas!

Read the texts below. Use your thinking skills and reading strategies to help you work out the meaning of new words.

> ¿Te gusta chatear? Las asignaturas… ¿Cuál es tu opinión?

You can often work out or guess the meaning of new words:
- from the context (what the text is about)
- from cognates (words in English which look the same or are related)
- by using logic
- sometimes, reading a new Spanish word aloud can help you understand what it means!

1 El deporte es aburrido, no me gusta la educación física y no me gusta nada el dibujo. Y tú, ¿qué te gusta? Miguel

2 No me gusta nada el francés, es muy aburrido y no me gusta la historia. Me gustan mucho el español y la educación física, especialmente el fútbol. Ana

3 Me gusta mucho la geografía pero no me gustan nada las ciencias, son difíciles. Detesto la tecnología, no me gusta nada porque es muy aburrida. Pilar

1 Where do you think you would find texts like these? _____

2 What makes you think this? _____

3 What do you think these words mean in English? Give a reason in each case.

  a detesto _____

  b especialmente _____

  c el fútbol _____

  d el deporte _____

4 Who hates technology? _____

5 What sport does Ana really like? _____

6 Who's not keen on sport? _____

Discuss with a friend which strategies you used to work each one out.

2 Completa la Gramática.

Gramática

Adjectives have m_____ and f_____ forms, and s_____ and p_____ forms. Many adjectives end in **-o** (for m_____ words) and **-___** (for feminine words).

Some adjectives end in a vowel and some end in a consonant.

To make adjectives plural: if it ends in a vowel add **-___**.

If it ends in a _____ add **-es**.

5 ¿Qué comes? pages 34–35

1 **Lee la carta y los pedidos.**
Escribe los precios.
Read the menu and the orders.
Write the prices.

Las comidas

2,30€   3,45€   1,75€

0,50€   0,45€   0,40€

Las bebidas

1,25€   1,40€   1,45€   1,45€

1 Ana

Tengo cinco euros con cincuenta.

Quiero una Coca-Cola y una hamburguesa.
Son cuatro euros con noventa.

2 Sergio

Tengo tres euros con diez.

Quiero una pizza y un zumo de naranja.

3 Lara

Tengo un euro con cincuenta.

Quiero una manzana y una botella de agua mineral.

4 Mateo

Tengo dos euros con veinticinco.

Quiero unas patatas fritas, un plátano y un zumo de naranja.

2 **¡Rompecabezas!** **¿Quién no tiene bastante dinero para pagar la**
cuenta? *Who doesn't have enough money to pay the bill?*

_____

3 **Escribe cómo pedir algo para comer y beber y cómo dicer cuánto cuesta.**
Write the words for ordering a snack and a drink and saying how much it is.

_____

_____

¡Mira! Express © Harcourt Education Limited 2006

1 **Busca y copia las palabras.** *Find and copy the words in the word search.*

a	e	s	c	u	c	h	o	p	b	o	c	a	d	i	l	l	o	w	s
k	l	b	m	a	t	e	m	á	t	i	c	a	s	e	f	q	r	l	a
c	m	a	b	u	r	r	i	d	o	d	e	s	c	r	i	b	o	t	e
i	n	t	e	r	e	s	a	n	t	e	o	p	i	z	z	a	k	b	u
j	o	n	t	x	f	á	c	i	l	a	r	i	n	g	l	é	s	z	c
b	p	h	q	v	w	x	g	s	h	a	m	b	u	r	g	u	e	s	a
e	s	p	a	ñ	o	l	h	h	a	b	l	o	i	y	q	u	v	x	d

3 school subjects   **1** _____   **2** _____   **3** _____

3 verbs   **1** _____   **2** _____   **3** _____

3 adjectives   **1** _____   **2** _____   **3** _____

3 things to eat   **1** _____   **2** _____   **3** _____

2 **Completa las frases con las palabras del cuadro.** *Complete the sentences using the words in the box.*

Use the grammatical clues to help you: e.g.

La profesora es ... must link to an adjective with a feminine singular ending; me gust**an** must link to a **plural** school subject or **more than one** subject.

1 La profesora de informática es _____

2 No me gustan las ciencias porque _____

3 Me gustan _____

4 El inglés es _____

5 El profesor de tecnología _____

6 Estudio geografía e _____

7 Me gusta mucho el _____

8 Las matemáticas son _____

inglés   las matemáticas   aburrido   simpática
son difíciles   es antipático   historia   aburridas

Prepárate 2 page 37

1 Completa las frases en los globos.
Complete the sentences in the speech bubbles.

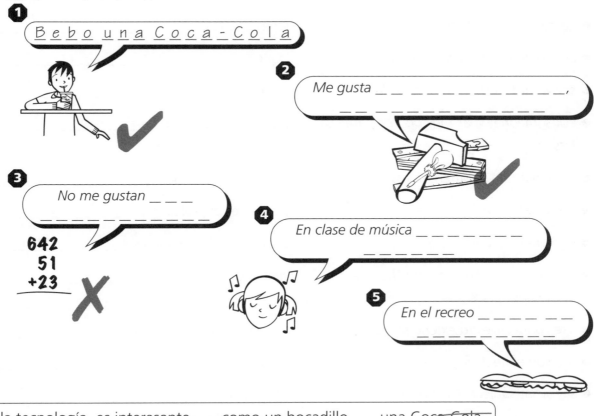

1 Bebo una Coca-Cola

2 Me gusta _ _ _____ _____,
_____ _____

3 No me gustan _ _ _ _
_____ _____

642
51
+23

4 En clase de música _ _____ _____
_____

5 En el recreo _ _ _ _ __ __
_____ _____

la tecnología, es interesante	como un bocadillo	~~una Coca-Cola~~
	las matemáticas	escucho música

2 Copia y mejora el texto.
Copy and improve the text.

To make a piece of writing more interesting, use:

1 *Connectives* – **y** (and), **pero** (but), **porque** (because)

2 *Qualifiers* – **un poco** (a little), **bastante** (quite), **muy** (very), **mucho** (a lot), **nada** (at all)

Me gusta el inglés. Me gusta el español. No me gustan las matemáticas.
Las matemáticas son difíciles. El profesor de historia es interesante.
La profesora de religión es aburrida. No me gustan las ciencias. Son aburridas.

Me gusta mucho el inglés y el español, pero...
_____
_____
_____

¡Mira! Express © Harcourt Education Limited 2006

I can

- list my school subjects

inglés, matemáticas, _____

- name the days of the week

lunes, martes, _____

- ask someone what they study

¿Qué _____?

- say what I study on different days

Los jueves estudio español, _____

- ask someone what they do in a particular lesson

¿Qué haces en clase de _____?

- say what I do in different lessons

En español escucho, _____

- ask what a teacher is like

¿Cómo es el profesor de _____?

- say what my teachers are like

El profesor de religión es _____

- use accents to help me put the stress in the right place

simpático, _____

- use connectives to extend sentences

La profesora es severa pero _____

- ask someone if they like a subject

¿Te gusta _____?

- say what subjects I like or dislike

Me gusta(n) _____
No me gusta(n) _____

- give reasons for liking or disliking a subject

Es aburrido, es _____
Son divertidas.

- make longer sentences using **porque** "because"

Me gusta el francés porque _____

- order snacks and drinks

Quiero _____

- ask how much something is

¿Cuánto _____?

- say and understand prices in Spanish

Son _____ euros con _____

- count up to 100

treinta, cuarenta, _____
_____ cien.

¡Mira! Express © Harcourt Education Limited 2006

¡Progreso!

1 Record your level in **Listening** and **Speaking**.

2 Look at what you need to do to reach the next level (see page 62).

3 Now fill in your own targets.

Escuchar

I have now reached Level _____ in **Listening**.

In Module 3 I want to reach Level _____

 I need to _____

_____

 I need to _____

_____

Hablar

¡Hola!

I have now reached Level _____ in **Speaking**.

In Module 3 I want to reach Level _____

 I need to _____

_____

 I need to _____

_____

1 Record your level in **Reading** and **Writing**.

2 Look at what you need to do to reach the next level (see page 63).

3 Now fill in your own targets.

Leer

I have now reached Level _____ in **Reading**.

In Module 3 I want to reach Level _____

 I need to _____

_____

 I need to _____

_____

Escribir

I have now reached Level _____ in **Writing**.

In Module 3 I want to reach Level _____

 I need to _____

_____

 I need to _____

_____

1 ¿Tienes hermanos? pages 44–45

1 Mira los dibujos y escribe frases. *Look at the pictures and write sentences.*

1  <u>Tengo una hermana.</u>

2  _____

3  _____

4 _____

5 _____

Tengo	un hermano	una hermana
	dos/tres/cuatro hermanos	dos/tres/cuatro hermanas
No tengo	hermanos	
Soy	hijo único	hija única

2 Escribe las frases en el orden correcto. *Write the sentences out correctly.*

1 padre llama Enrique Mi se. _____

2 tiene madre años Mi cincuenta. _____

3 abuelos y Carlos llaman Mis se Juana. _____

4 cinco En hay familia mi personas. _____

3 Completa las frases.
Complete the sentences.

> Do you need to use **mi** or **mis**? **se llama** or **se llaman**? **tiene** or **tienen**? If you are not sure, look back at your answers to exercise 2.

1 En mi familia hay seis personas. __Mi__ padre se _____ Rodrigo.

2 _____ madre _____ llama Manuela.

3 Mis hermanos se _____ Pili, Conchita y Pepe.

4 Mi madre _____ treinta y ocho años.

~~mi~~	tiene	mi
llaman	llama	se

¡Mira! Express © Harcourt Education Limited 2006

2 ¿Tienes animales? pages 46–47

1 ¡Rompecabezas! Lee los textos y contesta a las preguntas.
Read the texts and answer the questions.

There are some new words in the texts, but see if you can get the gist (the general meaning) first of all. Then use any clues in the texts to work out the detail. The questions will help you to work out meanings too.

se busca(n) = *wanted*

se necesita(n) = *needed*

1
Se necesitan peces tropicales, para estar en el consultorio de un dentista, para serie de televisión.

3
Compañía de teléfonos móviles busca pájaros habladores para su nueva campaña de publicidad.

4
¿Tienes un gato que lee, un caballo que canta, una serpiente que come hamburguesas y un conejo que come chicle? Contacta con el programa "Animales Mágicos".

2
¿Tienes una tortuga muy vieja e inteligente? Llama al director de la serie "El Planeta Verde".

1 What sort of texts do you think these are?
- a stories
- b adverts
- c postcards ☐

2 Who do you think that these texts are aimed at?
- a parents with teenagers
- b advertising agencies
- c people with interesting animals ☐

3 The mobile phone company is looking for:
- a publicity
- b birds that can talk
- c a new company to buy ☐

4 The fish are needed for a TV series set:
- a on a tropical island
- b in a dentist's
- c in a doctor's ☐

5 The director of the series 'El Planeta Verde' is looking for:
- a blue plants
- b a new director
- c an old tortoise ☐

6 In text 4, which of these animals **isn't** being looked for?
- a a dog that can write
- b a singing horse
- c a gum-chewing rabbit ☐

7 The new science-fiction film needs:
- a black rats
- b photographs
- c white mice ☐

3 ¿Cómo eres? pages 48–49

1 Completa las listas. *Complete the lists.*

English	masculino	femenino
tall	alto	
		delgada
	bajo	
		gorda
	guapo	
		fea
	perezoso	
		tímida
	inteligente	
	simpático	

Remember that most masculine adjectives end in **-o** and feminine adjectives usually end in **-a**. Some adjectives are an exception and are the same in masculine and feminine singular.

2 Completa las frases. *Complete the sentences.*

1 Soy bastante <u>alta</u>

2 Soy muy _____

3 Mi amigo es un poco _____

4 Mi amiga Juana es muy _____

5 Soy muy _____ y _____

6 Mi hermano es _____ y muy _____

7 Mi amigo Miguel es _____ y _____ muy _____

8 Soy un poco _____ y bastante _____

3 ¿Y tú? ¿Cómo eres? *Write a sentence to describe yourself.*

_____

¡Mira! Express © Harcourt Education Limited 2006

4 Tengo los ojos azules pages 50–51

1 Empareja las dos partes de la frase. Copia y escribe el adjetivo correcto.

1 Tengo el pelo
2 Tengo los ojos
3 Tengo el pelo
4 Tengo los ojos
5 Tengo los ojos
6 Tengo el pelo
7 Tengo el pelo
8 Tengo la barba

pelirroj___ y lis___
larg___ y rubi___
azul___
rizad___
marron___
cort___ y blanc___
negr___
verd___

> ### Gramática
>
> Remember to make your adjectives agree correctly.
>
> *Masculine* endings are **-o** (for singular words) or **-os** (for plural words)
>
> *Feminine* endings are **-a** (for singular words) or **-as** (for plural words)
>
> If the adjective ends in **-e**, add **-s** to make it plural
>
> If the adjective ends in a *consonant* add **-es** to make it plural

1 _Tengo el pelo rizado._   2 _____

3 _____   4 _____

5 _____   6 _____

7 _____   8 _____

2 Completa el texto con las palabras del cuadro. *Complete the text with the words from the box.*

rizado	tiene	bigote	largo	pelo	azules
	negro	gafas	ojos	tengo	

¡Hola! Me llamo Pepe. Tengo el pelo _largo_____, ondulado y negro. _____ los ojos azules. Mi padre tiene el _____ negro y largo. Tiene los _____ verdes. Mi hermana _____ el pelo corto y rubio. También tiene _____. Mi hermano tiene los ojos _____ y barba. Mi madre tiene el pelo rubio y _____. Mi hermano tiene el pelo _____. También tiene _____.

3 Escribe una descripción de ti mismo/a y de dos personas de tu familia. *Describe yourself and two members of your family.*

_____

_____

_____

> Remember: **tengo** = I've got; **tiene** = he/she has got

5 ¿Cómo es? pages 52–53

1 Lee los textos. ¿Quién es?

> Thierry Henry, David Beckham, Johnny Depp, Rachel (from Friends), Monica (from Friends), Gwen Steffani

1

Es alto y delgado. Tiene el pelo corto y negro. Es negro y es guapo. Le gusta mucho el fútbol. _____

2

Es muy delgado y no es bajo. A veces tiene el pelo largo y a veces tiene el pelo corto. Tiene el pelo moreno. También, a veces tiene gafas. Es actor y es guapo. _____

3

Es muy delgada y bastante baja. Tiene el pelo rubio, largo y liso. Es simpática y divertida. Habla mucho y bebe café con sus amigos.

_____

2 Rellena la tabla. *Fill in the table.*

infinitive of verb	he/she form of verb	English meaning
ser (to be)	es	he/she is
tener (to have)		
hablar (to speak)		
beber (to drink)		

3 Describe otras dos personas del ejercicio 1.
Describe two other people from exercise 1.

_____

_____

_____

_____

¡Mira! Express © Harcourt Education Limited 2006

1 Busca las palabras. Hay 5 animales, 5 colores, 5 adjetivos y 5 miembros de la familia.

x	g	o	r	d	o	l	e	u	b	a
c	m	t	l	o	k	j	t	y	p	b
r	a	p	u	c	h	w	o	e	h	r
i	d	b	z	n	v	e	r	d	e	u
z	r	g	a	a	n	r	t	w	r	b
a	e	l	z	l	o	e	u	s	m	i
d	t	x	q	b	l	q	g	p	a	o
o	c	o	n	e	j	o	a	r	n	m
a	m	a	r	i	l	l	o	z	o	i
y	p	í	d	e	l	g	a	d	o	r
c	e	t	n	e	i	p	r	e	s	p

Animales

perro

Familia

Colores

Adjetivos

alto

2 Lee el texto y contesta a las preguntas de Roberto.

gemelos = *twins*

¡Hola! Aquí está mi familia. Mi padre se llama Francisco y tiene 45 años. Mi madre se llama Mónica y tiene 43 años. Tengo un hermano y una hermana. Son gemelos y tienen 14 años. Se llaman David y Laura. Tengo un perro grande y negro que se llama Mus. ¿Y tú? ¿Cómo se llaman tus padres? ¿Tienes hermanos? ¿Tienes animales?

¡Hasta luego!

Roberto

¡Hola, Roberto!

1 **Empareja las respuestas con las preguntas.** *Match up the answers and the questions.*

> **a** Soy alta y delgada.
> **c** Sí, tengo una hermana y dos hermanos.
> **e** Tengo el pelo rubio y corto.
>
> **b** Tengo los ojos azules.
> **d** Hay seis personas en mi familia.
> **f** Sí, tengo un perro y dos caballos.

1 (*¿Tienes hermanos?*)   [c]

2 (*¿Cuántas personas hay en tu familia?*)   [ ]

3 (*¿Tienes animales?*)   [ ]

4 (*¿Cómo eres?*)   [ ]

5 (*¿Cómo es tu pelo?*)   [ ]

6 (*¿De qué color son tus ojos?*)   [ ]

2 **¿Y tú? Escribe tus respuestas.** *And you? Write your own answers.*

1 _____

2 _____

3 _____

4 _____

5 _____

6 _____

¡Mira! Express © Harcourt Education Limited 2006

I can

- ask someone if they have any brothers and sisters

¿Tienes _____?

- say whether I have any brothers and sisters

Tengo _____

Soy hijo/hija _____

- say how many people there are in my family

En mi familia hay _____

- say what they are called

Mi madre se llama _____

- say how old they are

Tiene _____ años

- ask someone if they have any pets

¿Tienes _____?

- say what pets I have

Tengo un/una _____

- say that I haven't any pets

No tengo _____

- say what my pets are called

Mi perro se llama _____

- say what my pet looks like

Es _____

- say what colour it is

Es _____

- talk about my appearance

Soy alto/a _____

- talk about someone else's appearance

Es bajo/a _____

- talk about my character

Soy divertido/a _____

- talk about someone else's character

Es _____

- talk about eyes

Tengo los ojos _____

- talk about hair

Tengo el pelo _____

- describe someone else's appearance

Es _____. Tiene _____

- say what he/she does

Habla _____. Bebe _____

¡Mira! Express © Harcourt Education Limited 2006

¡Progreso!

1 Record your level in **Listening** and **Speaking**.

2 Look at what you need to do to reach the next level (see page 62).

3 Now fill in your own targets.

Escuchar

I have now reached Level _____ in **Listening**.

In Module 4 I want to reach Level _____

 I need to _____

_____

 I need to _____

_____

¡Hola!

Hablar

I have now reached Level _____ in **Speaking**.

In Module 4 I want to reach Level _____

 I need to _____

_____

 I need to _____

_____

¡Mira! Express © Harcourt Education Limited 2006

¡Progreso!

1 Record your level in **Reading** and **Writing**.

2 Look at what you need to do to reach the next level (see page 63).

3 Now fill in your own targets.

Leer

I have now reached Level _____ in **Reading**.

In Module 4 I want to reach Level _____

  I need to _____

_____

  I need to _____

_____

Escribir

I have now reached Level _____ in **Writing**.

In Module 4 I want to reach Level _____

  I need to _____

_____

  I need to _____

_____

1 Descifra el país.

1 Vivo en París, la capital de **nFiarca**. <u>Francia</u>

2 Vivo en Southampton, en el sur de **gtrlalenra**. _____

3 Vivo en **ñaEpsa**. _____

4 Vivo en Nueva York, en **slo sEtdoas sdUnoi**. _____

5 Vivo en Edimburgo, la capital de **aicEsoc**. _____

6 Vivo en Roma, la capital de **aatlil**. _____

7 Me llamo Carys y vivo en **laGse**. _____

8 Vivo en Atenas, la capital de **arGeic**. _____

2 Empareja las frases con los lugares en el mapa.

1 Vivo en una casa. Está en las montañas en el Norte de España. [c]

2 Mi piso está en la ciudad. Mi ciudad es la capital de España. [ ]

3 Vivo en una casa. Mi casa está en el campo. [ ]

4 Mi piso es grande. Está en una ciudad en la costa. [ ]

5 Vivo en una casa vieja. Está en un pueblo en la montaña en el Sur de España. [ ]

3 ¿Y tú? ¿Dónde vives? *Where do you live?*

_____

_____

_____

> Include the location, the country and whether you live in a house or a flat.

¡Mira! Express © Harcourt Education Limited 2006

2 ¿Cómo es tu casa? pages 64–65

1 Mira los dibujos y completa las frases.
Look at the pictures and complete the sentences.

> Remember most adjectives change their ending, depending on whether the noun they are describing is masculine or feminine.

1 Vivo en una casa <u>pequeña.</u>

2 Mi piso es _____

3 Vivo en un piso _____

4 Mi casa es _____ y

_____

5 Mi piso es _____ y _____

6 Mi casa es muy _____

Es …	
antiguo	antigua
moderno	moderna
bonito	bonita
nuevo	nueva
feo	fea
cómodo	cómoda
pequeño	pequeña
viejo	vieja
grande	grande

2 Lee lo que dice Ernesto el Extraño sobre su casa y rellena la ficha para la agencia inmobiliaria.
Eccentric Ernesto is selling his house. Read what he says about it and fill in the form for the estate agent.

> Read the text carefully – Ernesto's house is a bit unusual!

Vivo en una casa en el campo. Mi casa es bastante grande, moderna y cómoda pero es un poco extraña. Tengo muchos animales así que hay muchos dormitorios. Arriba hay seis dormitorios para los gatos y los perros, y uno para mí. Abajo hay cinco dormitorios para los caballos. También, arriba hay una cocina nueva pero bastante fea y dos cuartos de baño. Arriba de todo hay una terraza con un jardín pequeño. Abajo hay un salón donde hablo con los animales y un aseo. Fuera hay un comedor: ¡Me encantan las barbacoas y comer fuera!

para mí = *for me*

Location	In the country
Description	
No. of bedrooms	
Upstairs	
Downstairs	
Outside	

3 ¿Qué haces? pages 66–67

1 Lee las frases y escribe ✓ o ✗ en el cuadro.

				✗					

1 En mi dormitorio no hay televisión. No veo la tele en mi dormitorio.

2 Hablo por teléfono con mis amigos pero no mando mensajes. Prefiero hablar porque es más fácil.

3 No escucho música en mi dormitorio pero leo libros, estudio y juego con el ordenador.

4 También, bebo en mi dormitorio pero no como bocadillos.

5 Y claro, duermo en mi dormitorio.

2 Escribe los verbos. *Write the verbs.*

1 I study   _estudio_____

2 I drink   _____

3 I don't sleep   _____

4 I don't play   _____

5 I listen   _____

6 I don't speak   _____

7 I send   _____

8 I watch   _____

> Use or adapt the verbs from exercise 1. Remember, to make a verb negative, you put **no** in front of it.

3 Lee y completa el texto. *Read and complete the text.*

En mi dormitorio _____ mensajes y _____ música.

No _____ Coca-Cola y no _____ bocadillos,

pero _____ la televisión y duermo en _____

dormitorio. No estudio y no _____ con el ordenador. En mi

dormitorio _____ por teléfono y también _____

libros.

¡Mira! Express © Harcourt Education Limited 2006

4 En mi dormitorio pages 68–69

1 Descifra y escribe las palabras.

Mi **1motrdoirio** es bastante grande. En mi dormitorio hay dos **2masca**.
Entre las camas hay una **3sema** y una **4aslli**. Encima de la mesa hay
una **5stertíanea**. En la estantería está mi **6ouqpei** de música. Al lado
de la **7tarpeu** hay un **8maraior**. Debajo de la mesa está mi **9rdrdoenao**.
A la izquierda de la ventana están mis **10órpstse** de David Beckham.

1 _dormitorio_   2 _____   3 _____   4 _____   5 _____

6 _____   7 _____   8 _____   9 _____   10 _____

2 ¿Puedes ayudar a Paquita Perfecta? Completa las frases. *Paquita Perfecta's brother has turned her room upside down, looking for her diary! She can't find anything. Can you help her? Complete the sentences.*

encima de	on top of
debajo de	under
al lado de	next to
a la izquierda de	on the left of
a la derecha de	on the right of
delante de	in front of
detrás de	behind
entre	between

Gramática

de + el = del

de + la = de la

de + los = de los

1 La cama está _debajo_ _____ de la ventana.

2 El ordenador está _____.

3 El pez está _____ los gatos.

4 La mesa está _____ puerta.

5 El armario está _____ puerta.

6 _____ a la derecha de la ventana.

7 _____ de la serpiente.

1 **Completa las frases con los verbos del cuadro.** *Complete the sentences with the verbs from the box.*

hago	peino	escucho	acuesto
despierto	voy	ceno	desayuno
veo	levanto	ducho	lavo

¡Hola! Me llamo Vampirito. Aquí tienes mi rutina diaria.

1 Por la noche, me _____.

2 Luego, me _____.

3 Después, me _____ y me _____.

4 _____ y también me _____ los dientes.

5 Luego, _____ al instituto.

6 Después del instituto _____ mis deberes.

7 _____ la tele o _____ música.

8 _____ con mi familia.

9 Finalmente, por la mañana me _____.

¡Mira! Express © Harcourt Education Limited 2006

1 Lee el texto y contesta a las preguntas.

> **Dónde vivo**
>
> Me llamo Paco y vivo en Lima, la capital de Perú. Es una ciudad turística y muy histórica. Vivo con mis padres y mis dos hermanas en una casa bastante grande y moderna.
>
> Abajo está la cocina. En la cocina comemos y hablamos. No hay comedor pero hay un salón. En el salón vemos la tele y leemos. Hay un aseo pequeño abajo también.
>
> Arriba hay cuatro dormitorios, incluso un dormitorio para los invitados. También hay un cuarto de baño bastante grande.
>
> Me gusta mi dormitorio. Es pequeño pero es cómodo. Mi cama está debajo de la ventana. Encima de la mesa está mi equipo de música y a la derecha de la mesa hay una estantería pequeña con mis libros.
>
> En mi dormitorio escucho música, estudio y hablo con mis amigos por teléfono, y por supuesto, duermo.
>
> Paco

1 Look at the title and scan the text quickly for words you recognise. What do you think the email is about? _____

2 **¡Rompecabezas!** What do you think the following words from the text mean? They are all near-cognates (similar to English words).

a turística _____ **b** histórica _____

c los invitados _____ **d** incluso _____

3 **Imagina que eres Paco. Contesta a las preguntas.** Answer using complete sentences.

1 ¿Dónde vives? _____

2 ¿Vives en una casa o en un piso? _____

3 ¿Cómo es? _____

4 ¿Qué hay abajo, en tu casa? _____

5 ¿Qué hay arriba, en tu casa? _____

6 ¿Te gusta tu dormitorio? _____

7 ¿Qué haces en tu dormitorio? _____

1 **Lee las frases y empareja los dibujos.** *Read the sentences and match up the pictures.*

1 Comemos en el comedor.

2 Leéis libros en el jardín.

3 Hablas con mamá en la cocina.

4 Veo la tele en el salón.

5 Mi hermano escucha música en el dormitorio.

6 Regina y Pilar estudian en su dormitorio.

2 **¡Rompecabezas!** *Read the sentences from exercise 1 again and answer the questions. Which sentence tells you…*

1 what **I** do?   4

2 what **they** do?   ☐

3 what **he** or **she** does?   ☐

4 what **we** do?   ☐

5 what **you** do? (if you are talking to more than 1 person)   ☐

6 what **you** do? (if you are talking to 1 person)   ☐

3 **Escribe las frases en español.** *Write the sentences in Spanish.*

1 I eat in the kitchen. _____

2 We listen to music in the living room. _____

3 They eat in the dining room. _____

4 Mum talks to Pilar in the garden. _____

5 You (one person) watch the TV. _____

6 Do you (more than one person) study in the bedroom? _____

_____

¡Mira! Express © Harcourt Education Limited 2006

I can

● ask someone where they live
¿Dónde _____?

● say where I live
Vivo en _____

● name some European countries
Francia, _____

● ask someone whether they live in a
house or a flat
¿Vives en una _____?

● say whether I live in a house or a flat
Vivo en _____

● say exactly where my house or flat is
Vivo en una casa en _____

● name rooms in a house
un dormitorio, _____
_____
_____

● say what is upstairs
Arriba hay un cuarto de baño, _____
_____
_____

● say what is downstairs
Abajo hay _____
_____
_____

● say what I do in my bedroom
Mando mensajes, _____

● ask someone to describe their bedroom
¿Qué hay en _____?

● describe my bedroom
En mi dormitorio hay _____
_____
_____

● say where things are in my room
la lámpara está encima de _____
_____
_____
_____

● ask someone about their daily routine
¿Qué haces por la _____?

● talk about my daily routine
Me peino, _____

● say where in the house I do things
Me ducho en el _____

¡Mira! Express © Harcourt Education Limited 2006

1   Record your level in **Listening** and **Speaking**.

2   Look at what you need to do to reach the next level (see page 62).

3   Now fill in your own targets.

Escuchar

I have now reached Level _____ in **Listening**.

In Module 5 I want to reach Level _____

 I need to _____

_____

 I need to _____

_____

Hablar

¡Hola!

I have now reached Level _____ in **Speaking**.

In Module 5 I want to reach Level _____

 I need to _____

_____

 I need to _____

_____

1   Record your level in **Reading** and **Writing**.

2   Look at what you need to do to reach the next level (see page 63).

3   Now fill in your own targets.

Leer

I have now reached Level _____ in **Reading**.

In Module 5 I want to reach Level _____

 I need to _____

 I need to _____

Escribir

I have now reached Level _____ in **Writing**.

In Module 5 I want to reach Level _____

 I need to _____

 I need to _____

1 Mi tiempo libre pages 80–81

1 Mira el horario de Felipe y lee las frases. Escribe verdadero [✓] o falso [✗].
Look at Felipe's timetable and read the sentences. Write true [✓] or false [✗].

lunes						✓	✓	
martes					✓	✓		✓
miércoles		✓				✓		
jueves			✓			✓		✓
viernes						✓		
sábado	✓			✓	✓	✓	✓	
domingo	✓	✓		✓	✓	✓		✓

1 Voy al cine una vez por semana. [✗]

2 Hago los deberes dos veces por semana. [ ]

3 Voy a la piscina los miércoles. [ ]

4 Salgo con mis amigos los fines de semana. [ ]

5 Navego por internet tres veces por semana. [ ]

6 Escucho música todos los días. [ ]

7 Voy de compras los jueves. [ ]

8 Monto en bicicleta todos los días. [ ]

> todos los días = *every day*
> los lunes = *on Mondays*
> una vez por semana = *once a week*
> dos veces por semana = *twice a week*
> los fines de semana = *at weekends*

2 ¿Y tú? ¿Qué haces y no haces en tu tiempo libre? Escribe 2 o 3 frases.

> To say you **don't** do something, put **no** in front of the verb, e.g. **No voy a la piscina**, I don't go to the swimming pool.

¡Mira! Express © Harcourt Education Limited 2006

2 ¿Qué hora es? pages 82–83

1 **Copia las horas en el orden correcto y dibuja la hora en los relojes.** *Copy the times in the correct order (earliest to latest) and draw the times on the clocks.*

a Son las diez y veinticinco   **b** Son las dos y media

c Es la una y cuarto   **d** Son las nueve y cinco

e Son las once menos veinte   **f** Son las seis menos diez

1 <u>Es la una y cuarto</u>   **2** _____   **3** _____

4 _____   **5** _____   **6** _____

2 **Mira los dibujos y lee lo que hace Federica Frenética en su día. Escribe las horas.** *Look at the pictures and read what Frantic Federica does in her day. Write the times.*

9.00

Los sábados estoy muy ocupada. Primero, a las nueve de la mañana voy a la piscina. Luego, voy de compras con mi madre a las once y media. A las dos de la tarde escucho música y a las tres veo mi programa favorito en la televisión. Después, a las seis y media salgo con mis amigos y a las ocho y veinte voy al cine. Navego por internet a las once menos cuarto de la noche.

3 ¿Qué deportes haces? pages 84–85

1 Copia el texto de Daniela Distraída y corrige sus errores. *Distracted Daniela is so busy doing sports that she always forgets where she should be. Copy Daniela's text in your exercise book and correct her mistakes.*

Lun	5:00	patinaje
	7:00	baloncesto
Mar	4:30	natación
	6:00	tenis
	7:15	patinaje
Miér	5:30	patinaje
	7:15	baloncesto
	9:30	ciclismo
Jue	8:00	esquí
	9:00	patinaje
Vier	4:00	hockey
	6:30	patinaje
Sáb	11:15	patinaje
	1:45	tenis
	2:00	baloncesto
Dom	12:00	equitación
	3:30	patinaje

Soy muy deportista. Juego al baloncesto todos los días. Hago patinaje cuatro veces por semana. Los miércoles y los domingos juego al tenis. Juego al hockey dos veces por semana. También, los miércoles a las nueve hago ciclismo. Hago equitación los sábados a las once. También hago natación tres veces por semana y hago esquí los fines de semana.

2 Busca una vacación para cada persona. Lee los anuncios y escribe el número correcto en el cuadro. *Find a holiday for each person. Read the adverts and write the correct number in the box.*

1
Deportes de invierno en Canadá.
Todos los días: escuela de esquí y patinaje. Piscina cubierta, restaurante y bar.

2
¿Quieres una vacación relajante?
Hotel de lujo, con piscina climatizada y canchas de tenis.

3
¿Quieres ser deportista profesional?
Aprende de los mejores futbolistas y jugadores de baloncesto.

Enrique ☐

Paco ☐

Sofía ☐

3 ¡Rompecabezas! *Underline these words in the adverts.*

football players, indoor (covered) pool, heated pool, tennis courts

¡Mira! Express © Harcourt Education Limited 2006

1 ¡Rompecabezas! Escribe el infinitivo correcto para completar la frase. *Write the correct infinitive to complete the sentence.*

escuchar	ir	ver	hacer	hacer
salir	hacer	ir	navegar	jugar

1 Me gusta j u g a r al fútbol.

2 Prefiero _ _ _ _ _ _ _ _ música.

3 No me gusta _ _ _ _ _ _ _ _ por internet.

4 Me encanta _ _ de compras.

5 No me gusta nada _ _ _ _ _ _ natación.

6 Me gusta _ _ al cine.

7 Me gusta mucho _ _ _ _ _ _ con mis amigos.

8 Prefiero _ _ _ la televisión.

9 Me gusta _ _ _ _ _ _ atletismo.

10 No me gusta nada _ _ _ _ _ _ mis deberes.

2 Lee los textos. ¿Quién habla? Escribe los nombres. *Read the texts. Who is speaking? Write the names.*

☺ me gusta	☺☺☺ me encanta	☹ no me gusta
☺☺ me gusta mucho	☺+ prefiero	☹☹ no me gusta nada

1 ¡Hola! En mi tiempo libre me gusta jugar al fútbol con mis amigos. También me gusta mucho escuchar música. No me gusta navegar por internet. Es aburrido.

Tomás

2 En mi tiempo libre me encanta ir al cine pero no me gusta hacer atletismo y no me gusta nada hacer natación.

Carolina

3 En mi tiempo libre prefiero salir con mis amigos. Me gusta mucho ir de compras pero no me gusta nada hacer los deberes.

Pepe

1 ☺☺ _Tomás_

2 ☺+ _____

3 ☹☹ _____

4 ☺☺☺ _____

5 ☹☹ _____

6 ☺ _____

3 ¿Y tú? Completa las frases. *And you? Complete the sentences.*

1 Me gusta _____

2 No me gusta _____

3 Prefiero _____

5 ¿Qué vas a hacer? pages 88–89

1 **Empareja las frases españolas con las frases inglesas.** *Match up the Spanish sentences with the English.*

1 Vamos a hacer patinaje.

2 Van a ir de compras.

3 Voy a jugar al fútbol.

4 Vais a ir al cine.

5 Vas a ir a la piscina.

6 Va a hacer ciclismo.

a I am going to play football.

b You are going to go swimming.

c He is going to go cycling.

d We are going to go skating.

e You are going to go to the cinema.

f They are going to go shopping.

2 **Completa la Gramática.** *Complete the grammar box.*

Gramática

In Spanish, to say that you are going to do something you have to use a part of the verb **ir** (to go) + **a** + the verb (in the infinitive form). Use your answers to exercise 1 to help you fill in the gaps.

_____ = I am going   _____ = you (singular) are going

_____ = he/she is going   _____ = we are going

_____ = you (plural) are going   _____ = they are going

3 **Lee el anuncio y completa las frases.** *Read the advert and complete the sentences.*

Centro de Actividades San Fermín	
Lunes:	Cine
Martes:	Partido de fútbol
Miércoles:	Competición de natación en la piscina o patinaje
Jueves:	Ciclismo
Viernes:	Esquí en la montaña

¡Hola, Susi!

Aquí estoy de vacaciones. El lunes voy a ir al cine. El martes mi hermana y yo vamos a _ _ _ _ _ _ _ _ _ _ _ _ _ _ _. El miércoles _ _ _ _ _ _ _ a la piscina pero mi hermana _ _ a hacer _ _ _ _ _ _ _ _ _. El jueves voy a _ _ _ _ _ _ _ _ _ _ _ _ _ _. El viernes mi hermana y yo _ _ _ _ _ _ a _ _ _ _ _ _ _ _ _ _ _ en la montaña.

Hasta luego, *Bea*

¡Mira! Express © Harcourt Education Limited 2006

1 Completa el crucigrama. *Complete the crossword.*

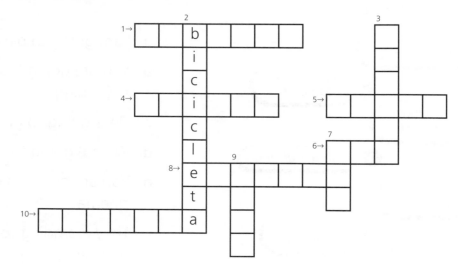

1 Hago mis en mi dormitorio.

2 Los fines de semana monto en .

3  por internet todos los días.

4 Una vez por semana salgo con mis .

5 con mi ordenador los domingos.

6  la televisión en el salón.

7 de compras con mi madre.

8 En mi tiempo libre música.

9 Voy al una vez por semana.

10 Voy a la los sábados.

¡Mira! Express © Harcourt Education Limited 2006

Prepárate 2 page 91

1 **Lee la postal y contesta a las preguntas.**
Read the postcard and answer the questions.

un montón = *a lot*

¡Hola, Elisa!

El centro de vacaciones va a ser fenomenal. Voy
a hacer un montón de actividades. El sábado mi
hermano y yo vamos a montar en bicicleta e ir a la
piscina. Mi mádre y mi hermana van a hacer esquí.
A las siete y media voy a ir al cine pero mi hermano
va a leer. El domingo voy a jugar al voleibol con
mi familia. Después, voy a hacer patinaje pero no
vamos a jugar al baloncesto porque no me gusta.

¿Y tú? ¿Qué vas a hacer en las vacaciones?

Hasta pronto.

Nati

1 What day is Nati going to go swimming? _____

2 How is she going to get there? _____

3 Who is going to go skiing? _____

4 What is she going to do on Sunday? _____

5 What isn't she going to do and why? _____

6 What question does she ask Elisa? _____

2 **¡Rompecabezas!** *Look at these sentences:*

1	2	3	4	5
a las tres	voy a	jugar	al fútbol	porque es divertido
a las siete y media	vas a	hacer	natación	porque es sano

There are 5 parts to each sentence:

1 a time **2** a part of the verb **ir** (to go) + **a** **3** a verb in the infinitive **4** a sport or activity **5** a reason

*In the following sentences underline **the time** in blue, **the part of** ir + a in red, **the infinitive** in green, **the sport or activity** in purple and **the reason** in black.*

1 A las seis vamos a hacer natación porque es divertido.

2 A las dos menos cuarto vais a ir de compras porque no es aburrido.

3 A las diez y veinte va a hacer esquí porque le gusta mucho.

4 A las tres no vais a ir al cine porque no es interesante.

¡Mira! Express © Harcourt Education Limited 2006

I can

- *ask someone what they do in their free time* ¿Qué haces en _____

  _____?

- *say what I do and don't do in my free time* Voy a la piscina, _____

  _____

  No voy _____

- *ask and tell the time* ¿Qué _____?

  Son las _____

- *talk about different times of the day* de la mañana, _____

  _____

- *ask someone at what time they do an activity* ¿A qué hora _____?

- *say at what time I do something* Escucho música a las _____

- *ask someone what sports they do* ¿Qué _____?

- *say what sports I do* Hago _____

  _____

  _____

- *say what games I play* Juego al _____

  _____

  _____

- *say what I like and don't like doing* Me gusta _____

  No me gusta _____

- *ask someone what they like doing* ¿Qué te _____?

- *ask them why* ¿_____?

- *give reasons why* Porque es _____

- *say what I am going to do* Voy a _____

  _____

- *use expressions about the future* mañana, _____

- *ask someone what they are going to do* ¿Qué vas _____?

¡Mira! Express © Harcourt Education Limited 2006

1 Record your level in **Listening** and **Speaking**.

2 Look at what you need to do to reach the next level (see page 62).

3 Now fill in your own targets.

Escuchar

I have now reached Level _____ in **Listening**.

In Module 6 I want to reach Level _____

 I need to _____

_____

 I need to _____

_____

Hablar

¡Hola!

I have now reached Level _____ in **Speaking**.

In Module 6 I want to reach Level _____

 I need to _____

_____

 I need to _____

_____

¡Progreso!

1 Record your level in **Reading** and **Writing**.

2 Look at what you need to do to reach the next level (see page 63).

3 Now fill in your own targets.

Leer

I have now reached Level _____ in **Reading**.

In Module 6 I want to reach Level _____

 I need to _____

_____

 I need to _____

_____

Escribir

I have now reached Level _____ in **Writing**.

In Module 6 I want to reach Level _____

 I need to _____

_____

 I need to _____

_____

1 ¿Cómo es tu ciudad? pages 98–99

1 Completa el crucigrama. Busca
y escribe la pregunta.

moderna

pequeña

fea

histórica

bonita

industrial

tranquila

turística

grande

¿
c
ó

s

d
?

importante

2 Descifra las palabras
y copia las frases.
*Unjumble the words and
copy the sentences.*

1 Vivo en una ciudad. Es más [**edganr**] y [**namdreo**] que un pueblo.

_____

_____

2 Vivo en un pueblo pequeño. Es más [**ootnbi**] pero menos [**tcouístri**] que
una ciudad.

_____

_____

3 Me gusta mi pueblo porque es más [**qñpeoue**] pero menos [**ofe**] que Bilbao.

_____

_____

4 Me gusta vivir en una ciudad. Es más [**neropimtta**] y más [**dstlairniu**] que
un pueblo.

_____

_____

¡Mira! Express © Harcourt Education Limited 2006

2 ¿Qué hay? pages 100–101

1 **Lee los textos y emparéjalos con los dibujos.** *Read the texts and pair them up with the pictures.*

> Mi pueblo es pequeño. Hay un mercado y una plaza pero no hay un polideportivo. ¿Dónde está el mercado? Cruza la plaza y está a la derecha. Vivo en ___Cenicero___.

Fátima

> En mi ciudad hay una plaza de toros, dos centros comerciales y un castillo. No hay cine. Vivo en _____.

Sergio

> En mi ciudad hay una playa, un polideportivo y algunas tiendas. No hay una estación de trenes. ¿Dónde está la playa? Sigue todo recto, toma la segunda a la izquierda y está a la derecha. Vivo en _____.

Santi

> En mi ciudad no hay una plaza de toros pero hay un castillo, un museo y un centro comercial. ¿Dónde está el castillo? Cruza la plaza, sigue todo recto y dobla a la izquierda. Vivo en _____.

Pablo

> En mi pueblo hay una piscina, un mercado y una estación de autobuses. No hay un centro comercial. ¿Dónde está la piscina? Toma la primera a la izquierda. Vivo en _____.

Belén

2 **Escribe una frase para cada dibujo.**
Write a sentence for each picture.

| ✓ | Hay |
| ✗ | No hay |

1 Hay unas tiendas y una piscina. _____

2 _____

3  _____

4 ¿ ? _____

5 _____

6 ¿Dónde _____ ?

3 ¿Quieres ir al cine? pages 102–103

1 Lee y completa la conversación. *Read and complete the conversation.*

> qué   acuerdo   al   a la   cruza   sábado   sábados
> aburrido   divertido   media   segunda   el   la   sigue
> derecha   toma   dónde

- ● ¡Hola! ¿Quieres ir _____ parque?

- ■ No, no quiero, es _____.

- ● ¿Quieres ir _____ piscina?

- ■ Sí. ¿Cuándo?

- ● El _____.

- ■ ¿A _____ hora?

- ● A las siete y _____ de la tarde.

- ■ ¿_____ está _____ piscina?

- ● Pues, _____ la plaza, _____ todo recto y

  toma la _____ calle a la _____.

- ■ De _____.

2 Mira los dibujos y escribe dos conversaciones parecidas en tu cuaderno.
Look at the pictures and write two similar conversations in your exercise book.

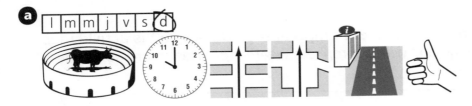

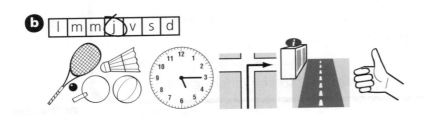

Include some of these expressions in your dialogues: **pues**, **a ver**, **bueno**.

¡Mira! Express © Harcourt Education Limited 2006

1 Busca las palabras
en la sopa de letras.
Completa el texto.

h	n	u	q	s	t	e	d	b	k
v	i	e	n	t	o	x	o	j	a
i	e	h	r	o	d	p	c	c	w
w	v	v	f	r	e	h	a	y	t
z	a	u	v	m	f	g	l	l	i
y	g	b	u	e	n	n	o	l	e
c	x	t	l	n	b	l	r	u	m
s	u	s	p	t	k	o	h	e	p
o	q	j	h	a	c	e	i	v	o
l	r	a	m	n	j	m	z	e	y

En el verano hace _____ buen _____ tiempo pero si hace mucho

_____ a veces hay _____. En el otoño

_____, hace _____, y _____

niebla. En el invierno _____ frío y _____,

sobre todo en la montaña. En la primavera hace _____ y por lo

general no hace mal _____.

2 Lee el texto y complétalo con el tiempo apropiado según las actividades.
*Read and complete the text with appropriate weather phrases according to the
activities.*

En el verano voy a la playa cuando _____.
Pero cuando _____ voy a la piscina. Cuando
_____ prefiero jugar con mi ordenador en mi
dormitorio. En el invierno hago esquí cuando _____
pero cuando _____ prefiero ver la televisión. Y cuando
_____ siempre escucho música en casa.

5 Este fin de semana pages 106–107

1 **¿Normalmente o este fin de semana? Lee las frases y escribe ✓ en la lista correcta.** *Normally or this weekend? Read the sentences and put a ✓ in the correct list.*

> You use the present tense (e.g. **voy**, **escucho**, **leo**) to talk about what you normally do.
>
> You use the near future (e.g. **voy a** + infinitive) to talk about what you are going to do.

1 Voy a hacer ciclismo.

2 Juego al baloncesto.

3 Escucho música.

4 Voy a ir al cine.

5 Voy al mercado.

6 Leo un libro.

7 Voy a leer mi libro.

8 Voy a escuchar la radio.

9 Voy al estadio.

10 Voy a ir al estadio.

	Normalmente	Este fin de semana
1		
2		
3		
4		
5		
6		
7		
8		
9		
10		

2 **¡Rompecabezas! Completa las frases con tus propias ideas.** *Complete the sentences with your own ideas.*

> There is more than one right answer! Look back through the workbook to help you work out when to use **hacer**, **jugar** and **ir**.

1 Normalmente hago _____

2 Este fin de semana voy a jugar _____

3 Mañana voy a ir _____

4 Ahora juego _____

5 Normalmente voy _____

6 En las vacaciones voy a hacer _____

1 **Completa las frases.** *Complete the sentences.*

1 En mi ciudad hay un _cine_____ y una
_____.

2 En mi pueblo hay una _____ pero no hay una
 _____.

3 ¿Hay una _____ y un _____ en el pueblo?

4 ¿Donde _____ el _____?

5 En mi ciudad hay muchas _____ pero no hay un
 _____.

6 ¿Donde _____ el [img] _____?

A ver … toma la [img] _____ calle a la _____ y
_____ todo recto.

2 **Añade las letras (a,e,i,o,u,á,é,í,ó) para completar la conversación.** *Add the
letters (a,e,i,o,u,á,é,í,ó) to complete the conversation.*

● ¿Quieres ir al cine?

■ S_. ¿C_ _ n d _?

● _l d_ m _ ng_.

■ ¿_ q _ _ h_ r_?

● _ l_s _ch_ m_ n _ s c_ art_.

■ ¿D_nd_ _st_ _l c_n_?

● _ v_r. Cr_z_ l_ pl_z_ y t_m_
l_ pr_m_r_ c_ll_ _ l_
d_r_ch_.

■ D_ _cu _ rd_.

3 **Lee las frases. Subraya los verbos así: presente; futuro.** *Read the sentences.
Underline the verbs as follows: present, future.*

1 Normalmente voy al cine los fines de semana.

2 Este fin de semana voy a hacer equitación.

3 Mañana voy a ir al estadio.

4 Los jueves voy al supermercado.

5 En las vacaciones voy a jugar al baloncesto.

6 Por lo general escucho música en mi tiempo libre.

Prepárate 2 page 109

1 Lee las frases y mira los símbolos en el mapa. ¿Verdadero (✓) o falso (✗)?
Read the sentences and look at the symbols on the map. True (✓) or false (✗)?

1 En Madrid hace frío. **✗**

2 En los Pirineos hace mucho frío y nieva. ☐

3 En el Sur, sobre todo en Sevilla, hace calor. ☐

4 En Zaragoza llueve. ☐

5 En el Norte cerca de Bilbao hace viento. ☐

6 En Córdoba llueve. ☐

2 Describe el tiempo en Valencia y la Sierra Nevada. *Describe the weather in Valencia and the Sierra Nevada.*

En Valencia _____

En la Sierra Nevada _____

3 Lee los textos y rellena el cuadro. *Read the texts and fill in the grid.*

	¿Ciudad/Pueblo?	¿Cómo es?	Opinión [✓ o ✗]	Razón
1	ciudad	bastante grande, bonita, turística	✓	mucho que hacer
2				
3				
4				

Miguel

1 Mi ciudad es bastante grande. Es más bonita y turística que un pueblo. Me gusta vivir aquí porque hay mucho que hacer.

Inma

2 Mi pueblo está en las montañas. Es muy histórico y tranquilo pero es más aburrido que una ciudad. No me gusta vivir aquí porque no hay mucho que hacer.

Conchi

3 Mi pueblo está en la costa. En el verano es más turístico que en la montaña. No es muy tranquilo pero me gusta. En el invierno es bonito.

Pepe

4 Mi ciudad es muy importante pero es industrial. No es bonita, es muy fea. No me gusta vivir aquí.

I can

- *say where I live*

  Vivo en _____

- *ask someone what their town or village is like*

  ¿Cómo es _____?

  ¿Cómo es _____?

- *ask about places in town*

  ¿Qué hay _____?

  ¿Hay un _____?

- *ask for directions*

  ¿Dónde está _____?

- *give directions*

  Sigue _____

  Está _____

- *invite someone to do something*

  ¿Quieres _____?

- *ask when (day and time)*

  ¿C _____?

  ¿A _____?

- *give a day and a time*

  El _____

  A _____

- *accept or turn down an invitation*

  De _____

  Lo s _____ No _____

- *ask what the weather is like*

  ¿Qué _____?

- *talk about the weather*

  Hace _____

  Hay _____

  _____

- *name the seasons*

  primavera, _____

  _____

- *say what I do in different weathers*

  cuando _____

  _____

- *understand expressions referring to the present or what normally happens*

  normalmente, _____

  _____

- *understand expressions referring to the future*

  en las vacaciones _____

  _____

Evaluación de fin de curso

1 Look back through your workbook to see which level you had reached at the end of each module (Module 1, Module 2, etc.).

2 Write down the level you had reached for each Attainment Target (Listening, Speaking, Reading, Writing).

3 Then fill in your level for Module 6 – the end of the book!

You now have a record of your progress in Spanish throughout the whole year.

Escuchar

1	¡Vamos!	Level _____
2	En el instituto	Level _____
3	Mi familia	Level _____
4	En casa	Level _____
5	El tiempo libre	Level _____
6	En la ciudad	Level _____

¡Hola!

Hablar

1	¡Vamos!	Level _____
2	En el instituto	Level _____
3	Mi familia	Level _____
4	En casa	Level _____
5	El tiempo libre	Level _____
6	En la ciudad	Level _____

Leer

1	¡Vamos!	Level _____
2	En el instituto	Level _____
3	Mi familia	Level _____
4	En casa	Level _____
5	El tiempo libre	Level _____
6	En la ciudad	Level _____

Escribir

1	¡Vamos!	Level _____
2	En el instituto	Level _____
3	Mi familia	Level _____
4	En casa	Level _____
5	El tiempo libre	Level _____
6	En la ciudad	Level _____

Attainment Target 1:

Listening

Level 1	I can understand some simple, short phrases.
Level 2	I can understand a variety of short commands, statements and questions.
Level 3	I can understand short spoken passages and pick out the main points.
Level 4	I can understand longer spoken passages and pick out the main points.
Level 5	I can understand spoken passages containing words and phrases from different topics. I can recognise if people are speaking about the future **OR** the past as well as the present. I can recognise if they are giving opinions.

Attainment Target 2:

Speaking

Level 1	I can say single words or short phrases.
Level 2	I can say a variety of short phrases.
Level 3	I can take part in simple conversations. I can ask questions and give replies two or three times.
Level 4	I can take part in longer conversations. I can ask questions and give replies three or four times. I can change phrases that I already know to say something new. I can give my own opinions.
Level 5	I can take part in conversations giving information and opinions. I can speak about the future **OR** the past as well as the present.

Attainment Target 3:

Reading

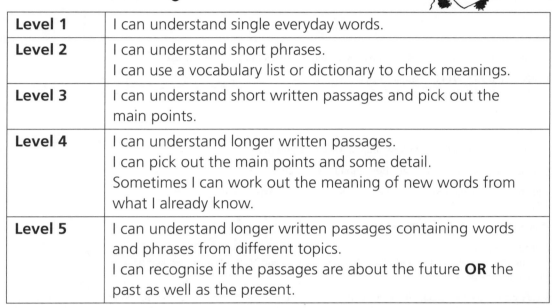

Level 1	I can understand single everyday words.
Level 2	I can understand short phrases. I can use a vocabulary list or dictionary to check meanings.
Level 3	I can understand short written passages and pick out the main points.
Level 4	I can understand longer written passages. I can pick out the main points and some detail. Sometimes I can work out the meaning of new words from what I already know.
Level 5	I can understand longer written passages containing words and phrases from different topics. I can recognise if the passages are about the future **OR** the past as well as the present.

Attainment Target 4:

Writing

Level 1	I can copy single words correctly.
Level 2	I can copy short phrases correctly or write single words from memory.
Level 3	I can write simple, short phrases from memory. I can write two or three sentences with help.
Level 4	I can write three or four sentences from memory. I can change phrases I already know to say something new.
Level 5	I can write longer passages giving information and opinions. I can write about the future **OR** the past as well as the present.

¡Mira! Express © Harcourt Education Limited 2006

Heinemann is an imprint of Pearson Education Limited, a company incorporated in England and Wales, having its registered office at Edinburgh Gate, Harlow, Essex, CM20 2JE. Registered company number: 872828

Heinemann is a registered trademark of Pearson Education Limited

First published 2006

11 10 09 08

10 9 8 7 6 5 4 3

A catalogue record is available for this book from the British Library on request.

ISBN: 978 0 435 39142 3 (single copy)
ISBN: 978 0 435 39129 4 (pack of 8)

Publisher: Gillian Eades
Editor: Michelle Armstrong

Designed and typeset by Ken Vail Graphic Design, Cambridge

Original illustrations © Harcourt Education Limited, 2006

Illustrated by Chantal Kees, Ken Laidlaw, Sylvie Poggio Artists Agency
(Tim Davies, Mark Ruffle).

Printed by Ashford Colour Press Ltd.

Acknowledgements
The author and publisher would like to thank Clive Bell and Naomi Laredo for their help in making this book.

Every effort has been made to contact copyright holders of material reproduced in this book. Any omissions will be rectified in subsequent printings if notice is given to the publishers.

To find out more about
Heinemann products, plus
free supporting resources, visit

www.heinemann.co.uk
01865 888080

ISBN 978-0-435391-42-3

9 780435 391423